VIRGIL

SELECTIONS FROM AENEID II

C. H. CRADDOCK

Dr Challoner's High School, Amersham

CAMBRIDGE

LONDON   NEW YORK   NEW ROCHELLE

MELBOURNE   SYDNEY

Published by the Press Syndicate of the University of Cambridge
The Pitt Building, Trumpington Street, Cambridge CB2 IRP
32 East 57th Street, New York, NY 10022, USA
296 Beaconsfield Parade, Middle Park, Melbourne 3206, Australia

Vocabulary and explanatory text
© Cambridge University Press 1975

ISBN: 0 521 20827 0

First published 1975
Reprinted 1979, 1981

Acknowledgements

The Latin text used in this book is taken from
the Oxford Classical Text, *The Complete Works of Virgil*,
edited by R. A. B. Mynors, and is reproduced
by permission of the Clarendon Press, Oxford.
© 1969 Oxford University Press

Printed in Great Britain at the Alden Press, Oxford

Cover illustration
Wall painting from Pompeii, now in Naples Museum.
(*Reproduced by permission of Scala*)

After the destruction of Troy by the Greeks, the Trojan prince Aeneas escaped from the burning city with his father Anchises and his young son Ascanius, hoping to found a new city in another land. But the goddess Juno, who hated the Trojan race, knew that a people of Trojan origin would one day threaten her beloved city of Carthage. She therefore persuaded Aeolus, god of the winds, to wreck Aeneas and his fleet. However, thanks to Neptune's intervention, Aeneas and some of his fellow-Trojans survived the storm and landed in North Africa.

There Queen Dido, who like Aeneas was a fugitive from her native land, was building the city of Carthage. Hostile tribes surrounded her new kingdom and Dido was overjoyed to learn of the arrival of the Trojans, for the fame of Aeneas' exploits in war had already reached her. The Queen offered them a share in her kingdom and, through the intrigue of Venus, fell in love with Aeneas. At a banquet given in his honour she asked him to recount the story of the sack of Troy and the Trojans' wanderings since that time.

In Book II of the *Aeneid* Aeneas begins his story.

conticuere omnes intentique ora tenebant;
inde toro pater Aeneas sic orsus ab alto:
    infandum, regina, iubes renovare dolorem,
Troianas ut opes et lamentabile regnum
eruerint Danai, quaeque ipse miserrima vidi   5
et quorum pars magna fui. quis talia fando
Myrmidonum Dolopumve aut duri miles Ulixi
temperet a lacrimis? et iam nox umida caelo
praecipitat suadentque cadentia sidera somnos.
sed si tantus amor casus cognoscere nostros   10
et breviter Troiae supremum audire laborem,
quamquam animus meminisse horret luctuque refugit,
incipiam.
        fracti bello fatisque repulsi
ductores Danaum tot iam labentibus annis
instar montis equum divina Palladis arte   15
aedificant, sectaque intexunt abiete costas;
votum pro reditu simulant; ea fama vagatur. *to spread*
huc delecta virum sortiti corpora furtim
includunt caeco lateri penitusque cavernas
ingentes uterumque armato milite complent.   20
   est in conspectu Tenedos, notissima fama
insula, dives opum Priami dum regna manebant,
nunc tantum sinus et statio male fida carinis:
huc se provecti deserto in litore condunt;
nos abiisse rati et vento petiisse Mycenas.   25
ergo omnis longo solvit se Teucria luctu;

conticuēre: conticēscere *fall silent*
intentī: intentus *alert, attentive*
ōra tenēbant *kept their gaze on him*
inde *then*
ōrsus (est): ōrdīrī *begin*
īnfandum: īnfandus *unspeakable, wicked*
renovāre *renew, revive*
Trōiānās: Trōiānus *of Troy*
ut *how*
opēs: opēs, f.pl. *might*
lāmentābile: lāmentābilis *for which men weep*
5 ēruerint: ēruere *overthrow, ruin*
Danaī, m.pl. *the Greeks*
fandō: fārī *tell*
Myrmidonum: Myrmidones, m.pl. *the Myrmidons, soldiers of the Greek Achilles*
Dolopum: Dolopes, m.pl. *the Dolopes, soldiers of the Greek Neoptolemus*
—ve *or*
Ulixī (Form D): Ulixēs, m. *the Greek hero, Ulysses*
temperet: temperāre *refrain*
ūmida: ūmidus *damp*
praecipitat: praecipitāre *rush, fall*
cadentia: cadere *set*
10 cāsūs: cāsus, m. *misfortune*
breviter *briefly*
Trōiae: Trōia, f. *Troy*
suprēmum: suprēmus *final*
labōrem: labor, m. *distress, agony*
horret: horrēre *shudder*
lūctū: lūctus, m. *grief, sorrow*
refūgit: refugere *shrink from*
frāctī: frangere *shatter, break*
repulsī: repellere *drive back, reject*
ductōrēs: ductor, m. *leader*
Danaum = Danaōrum
lābentibus: lābī *slip by, pass by*
15 īnstar + Form D *as huge as*
Palladis: Pallas, f. *the goddess Pallas Athene, Minerva*

sectā: secāre *cut*
intexunt: intexere *weave, interweave*
abiete: abiēs, f. *wood of the silver fir*
costās: costa, f. *rib*
vōtum: vōtum, n. *offering to the gods*
prō *for*
reditū: reditus, m. *return*
fāma, f. *rumour, story*
vagātur: vagārī *spread*
dēlēcta: dēlēctus *chosen*
virum . . . corpora = virōrum corpora *warriors*
sortītī: sortīrī *choose by lot*
fūrtim *stealthily*
inclūdunt: inclūdere *enclose*
caecō: caecus *dark*
laterī: latus, n. *side, flank*
penitus *deep within*
20 uterum: uterus, m. *womb, belly*
armātō: armātus *armed*
cōnspectū: cōnspectus, m. *sight*
Tenedos, f. *the island of Tenedos*
nōtissima: nōtus *famous*
fāmā: fāma, f. *reputation*
dīves opum *rich in resources*
Priamī: Priamus, m. *Priam, king of Troy*
dum *while, as long as*
sinus, m. *bay*
statiō, f. *station, anchorage*
male fīda: male fīdus *untrustworthy, treacherous*
carīnīs: carīna, f. *keel, ship*
prōvectī: prōvehī *proceed, sail*
lītore: lītus, n. *shore*
condunt: condere *conceal*
25 ratī: rērī *think*
Mycēnās: Mycēnae, f.pl. *the city of Mycenae in Greece, kingdom of Agamemnon*
ergō *therefore*
solvit: solvere *free*
Teucria, f. *Troy*

[handwritten annotations:]

3rd
temp
opus

gensug
time
tempus
neut.
latus laters
neut

line 23. tantum - only
erat - there was
est - there is

Form A = nom
" B = acc
" C = dat
" D = gen
" E = ablative

ACC + INFIN = REPORTED STATEMENT

8

panduntur portae, iuvat ire et Dorica castra
desertosque videre locos litusque relictum:
hic Dolopum manus, hic saevus tendebat Achilles;
classibus hic locus, hic acie certare solebant.   30
pars stupet innuptae donum exitiale Minervae
et molem mirantur equi; primusque Thymoetes
duci intra muros hortatur et arce locari,
sive dolo seu iam Troiae sic fata ferebant.
at Capys, et quorum melior sententia menti,   35
aut pelago Danaum insidias suspectaque dona
praecipitare iubent subiectisque urere flammis,
aut terebrare cavas uteri et temptare latebras.
scinditur incertum studia in contraria vulgus.
    primus ibi ante omnes magna comitante caterva   40
Laocoon ardens summa decurrit ab arce,
et procul 'o miseri, quae tanta insania, cives?
creditis avectos hostes? aut ulla putatis
dona carere dolis Danaum? sic notus Ulixes?
aut hoc inclusi ligno occultantur Achivi,   45
aut haec in nostros fabricata est machina muros,
inspectura domos venturaque desuper urbi,
aut aliquis latet error; equo ne credite, Teucri.
quidquid id est, timeo Danaos et dona ferentes.'
sic fatus validis ingentem viribus hastam   50
in latus inque feri curvam compagibus alvum
contorsit. stetit illa tremens, uteroque recusso
insonuere cavae gemitumque dedere cavernae.
et, si fata deum, si mens non laeva fuisset,
impulerat ferro Argolicas foedare latebras,   55
Troiaque nunc staret, Priamique arx alta maneres.
    ecce, manus iuvenem interea post terga revinctum
pastores magno ad regem clamore trahebant
Dardanidae, qui se ignotum venientibus ultro,
hoc ipsum ut strueret Troiamque aperiret Achivis,   60
obtulerat, fidens animi atque in utrumque paratus,
seu versare dolos seu certae occumbere morti.

4

panduntur: pandere *throw open*
iuvat *it is pleasing* or *placet*
Dōrica: Dōricus *Greek*
manus, f. *company, band*
tendēbat: tendere *be encamped*
30 classibus: classis, f. *fleet*
aciē: aciēs, f. *battle*
certāre *fight*
stupet: stupēre *be amazed at*
innūptae: innūptus *unmarried, virgin*
exitiāle: exitiālis *fatal, deadly*
Minervae: Minerva, f. *the goddess
    Minerva*
mōlem: mōlēs, f. *bulk, size*
mīrantur: mīrārī *wonder at, marvel
    at*
intrā *inside*
arce: arx, f. *citadel*
locārī: locāre *place*
sīve ... seu *whether ... or*
dolō: dolus, m. *treachery*
ferēbant: ferre *point, tend*
36 pelagō: pelagus, n. *sea*
praecipitāre *hurl (into)*
subiectīs: subiectus *placed beneath*
ūrere *burn*
terebrāre *bore, pierce*
cavās: cavus *hollow*
temptāre *explore, probe*
latebrās: latebrae, f.pl. *hiding-place*
incertum: incertus *unsure*
studia: studium, n. *feeling, desire*
vulgus, n. *the people*
40 comitantae: comitārī *accompany,
    escort*
catervā: caterva, f. *crowd, throng*
Lāocoōn, m. *Laocoon, priest of
    Apollo*
ardēns *blazing with anger*
dēcurrit: dēcurrere *run down*
īnsānia, f. *madness*
āvectōs (esse): āvehī *go away, sail
    away*
carēre (+ Form E) *be without, be
    free from*

45 lignō: lignum, n. *wooden object*
occultantur: occultāre *conceal*
Achīvī, m.pl. *Greeks*
fabricāta est: fabricāre *construct,
    build*
māchina, f. *device, engine of war*
īnspectūra: īnspicere *pry into*
dēsuper *from above*
error, m. *snare, deception*
Teucrī, m.pl. *Trojans*
quidquid *whatever*
et *even*
50 fātus: fārī *speak*
validīs: validus *mighty*
vīribus: vīrēs, f.pl. *strength*
ferī: ferus, m. *wild beast*
compāgibus: compāgēs, f.pl. *frame,
    structure*
alvum: alvus, f. *belly*
contorsit: contorquēre *hurl*
tremēns *quivering*
recussō: recutere *strike*
īnsonuēre: īnsonāre *resound*
gemitum: gemitus, m. *groan*
deum = deōrum
laeva: laevus *unfavourable*
55 impulerat: impellere *drive, compel*
Argolicās: Argolicus *Greek*
foedāre *violate, despoil*
manūs iuvenem ... post terga
    revīnctum *a young man with his
    hands tied behind his back*
pāstōrēs: pāstor, m. *shepherd*
Dardanidae: Dardanidēs *Trojan*
sē ... obtulerat: sē offerre *present
    oneself*
ignōtum: ignōtus *unknown*
ultrō *of his own accord*
60 strueret: struere *accomplish*
fīdēns animī *bold, confident*
in utrumque *for either event*
versāre *contrive*
occumbere (+ Form C) *meet*

undique visendi studio Troiana iuventus
circumfusa ruit certantque inludere capto.
accipe nunc Danaum insidias et crimine ab uno   65
disce omnes.
namque ut conspectu in medio turbatus, inermis
constitit atque oculis Phrygia agmina circumspexit,
'heu, quae nunc tellus,' inquit, 'quae me aequora possunt
accipere? aut quid iam misero mihi denique restat,   70
cui neque apud Danaos usquam locus, et super ipsi
Dardanidae infensi poenas cum sanguine poscunt?'
quo gemitu conversi animi compressus et omnis
impetus. hortamur fari quo sanguine cretus,
quidve ferat; memoret quae sit fiducia capto.   75
    'cuncta equidem tibi, rex, fuerit quodcumque, fatebor
vera,' inquit; 'neque me Argolica de gente negabo.
hoc primum; nec, si miserum Fortuna Sinonem
finxit, vanum etiam mendacemque improba finget.   80
fando aliquod si forte tuas pervenit ad aures
Belidae nomen Palamedis et incluta fama
gloria, quem falsa sub proditione Pelasgi
insontem infando indicio, quia bella vetabat,
demisere neci, nunc cassum lumine lugent: 85
illi me comitem et consanguinitate propinquum
pauper in arma pater primis huc misit ab annis.
dum stabat regno incolumis regumque vigebat
conciliis, et nos aliquod nomenque decusque
gessimus. invidia postquam pellacis Ulixi   90
(haud ignota loquor) superis concessit ab oris,
adflictus vitam in tenebris luctuque trahebam
et casum insontis mecum indignabar amici.
nec tacui demens et me, fors si qua tulisset,
si patrios umquam remeassem victor ad Argos,   95
promisi ultorem et verbis odia aspera movi.
hinc mihi prima mali labes, hinc semper Ulixes
criminibus terrere novis, hinc spargere voces
in vulgum ambiguas et quaerere conscius arma.

6

vīsendī: vīsere *see*
iuventūs, f. *youth, young men,*
  warriors
circumfūsa: circumfundī *surround*
inlūdere (+ Form C) *mock (at)*
65 accipe: accipere *hear, listen to*
ut *when*
turbātus *confused, distressed*
inermis *unarmed, defenceless*
Phrygia: Phrygius *Trojan*
agmina: agmen, n. *rank*
circumspexit: circumspicere *scan,*
  look round at
tellūs, f. *land*
aequora: aequor, n. *sea*
70 dēnique *finally, in the end*
restat: restāre *remain, be left*
apud *with, among*
usquam *anywhere*
super *in addition*
īnfēnsī: īnfēnsus *hostile*
compressus (est): comprimere *check*
impetus, m. *attack, violence*
crētus *born (from)*
75 quid . . . ferat *what news he brings*
memoret: memorāre *say*
quae sit fīdūcia captō *what he can*
  rely on, now that he is caught
cūncta: cūnctus *every, all*
equidem *indeed*
fuerit quodcumque *whatever happens*
fatēbor: fatērī *tell*
negābō: negāre *deny*
Sinōnem: Sinōn, m. *Sinon, the*
  decoy sent by the Greeks
80 fīnxit: fingere *fashion, make*
vānum: vānus *untrustworthy*
improba: improbus *malicious,*
  spiteful
Bēlīdae . . . Palamēdis *of Palamedes,*
  son of Belus
incluta: inclutus *famous*
prōditiōne: prōditiō, f. *(accusation*
  of) betrayal
Pelasgī, m.pl. *Greeks*
īnsontem: īnsōns *innocent*

indiciō: indicium, n. *testimony,*
  evidence
vetābat: vetāre *ban, forbid*
85 dēmīsēre: dēmittere *send down*
necī: nex, f. *death*
cassum (+ Form E): cassus *deprived*
  (of)
lūmine: lūmen, n. *light, life*
lūgent: lūgēre *mourn*
comitem: comes, m. *companion,*
  aide-de-camp
cōnsanguinitāte: cōnsanguinitās, f.
  blood-tie, kinship
propinquum: propinquus *related*
incolumis *secure*
vigēbat: vigēre *be strong, influential*
conciliīs: concilium, n. *council*
decus: decus, n. *honour, dignity*
90 gessimus: gerere *bear*
invidiā: invidia, f. *malice*
pellācis: pellāx *persuasive, deceitful*
superīs: superus *above, of this world*
concessit: concēdere *depart*
ōrīs: ōra, f. *shore*
adflīctus *dejected, despairing*
tenebrīs: tenebrae, f.pl. *darkness,*
  obscurity
indignābar: indignārī *be angry at*
dēmēns *mad, out of one's senses*
fors sī qua tulisset *if any chance*
  brought it about
95 patriōs: patrius *native*
remeāssem = remeāvissem: remeāre
  return
Argōs: Argī, m.pl. *the city of Argos*
  in Greece
ultōrem: ultor, m. *avenger*
aspera: asper *bitter, violent*
hinc *from then on, because of this*
malī: malum, n. *disaster*
lābēs, f. *fall, step, slip*
spargere *spread*
vōcēs: vōx, f. *voice, remark*
ambiguās: ambiguus *ambiguous, two-*
  edged
cōnscius *deliberate, with deliberate*
  intent

nec requievit enim, donec Calchante ministro -   100
sed quid ego haec autem nequiquam ingrata revolvo,
quidve moror? si omnes uno ordine habetis Achivos,
idque audire sat est, iamdudum sumite poenas:
hoc Ithacus velit et magno mercentur Atridae,'
     tum vero ardemus scitari et quaerere causas,   105
ignari scelerum tantorum artisque Pelasgae.
prosequitur pavitans et ficto pectore fatur:
'saepe fugam Danai Troia cupiere relicta
moliri et longo fessi discedere bello;
fecissentque utinam! saepe illos aspera ponti   110
interclusit hiems et terruit Auster euntes.
praecipue cum iam hic trabibus contextus acernis
staret equus, toto sonuerunt aethere nimbi.
suspensi Eurypylum scitatum oracula Phoebi
mittimus, isque adytis haec tristia dicta reportat: 115
"sanguine placastis ventos et virgine caesa,
cum primum Iliacas, Danai, venistis ad oras;
sanguine quaerendi reditus animaque litandum
Argolica." vulgi quae vox ut venit ad aures,
obstipuere animi gelidusque per ima cucurrit   120
ossa tremor, cui fata parent, quem poscat Apollo.
hic Ithacus vatem magno Calchanta tumultu
protrahit in medios; quae sint ea numina divum
flagitat. et mihi iam multi crudele canebant
artificis scelus, et taciti ventura videbant.   125
bis quinos silet ille dies tectusque recusat
prodere voce sua quemquam aut opponere morti.
vix tandem, magnis Ithaci clamoribus actus,
composito rumpit vocem et me destinat arae.
adsensere omnes et, quae sibi quisque timebat,   130
unius in miseri exitium conversa tulere.
iamque dies infanda aderat; mihi sacra parari

100 requiēvit: requiēscere *rest*
enim *in fact*
dōnec *until*
Calchante: Calchās, m. *Calchas, an
infamous Greek soothsayer*
ministrō: minister, m. *accomplice*
quid? *why?*
nēquīquam *in vain, uselessly*
ingrāta: ingrātus *unpleasant*
revolvō: revolvere *unfold, repeat*
ōrdine: ōrdō, m. *class, category*
sat = satis
iamdūdum *now at last*
sūmite: sūmere *take, exact*
Ithacus, m. *the man from Ithaca, i.e.
Ulysses*
magnō mercentur *would pay a high
price for*
Atrīdae, m.pl. *the sons of Atreus, i.e.
Agamemnon and Menelaus*
105 vērō *indeed*
ardēmus: ardēre *burn, long*
scītārī *enquire*
artis: ars, f. *cunning*
Pelasgae: Pelasgus *Greek*
prōsequitur: prōsequī *continue*
pavitāns: pavitāre *tremble*
fictō: fingere *pretend, feign*
pectore: pectus, n. *heart, emotion*
mōlīrī *contrive, engineer*
110 fēcissent . . . utinam! *if only they had
done so!*
pontī: pontus, m. *sea*
interclūsit: interclūdere *prevent*
hiēms, f. *stormy weather*
Auster, m. *South wind*
praecipuē *especially*
trabibus: trabs, f. *plank*
contextus: contexere *construct*
acernīs: acernus *of maple-wood*
sonuērunt: sonāre *resound*
aethere: aethēr, m. *sky*
nimbi: nimbus, m. *storm-cloud*
suspēnsī: suspēnsus *doubtful,
uncertain*
Eurypylum: Eurypylus, m.
Eurypylus, a Greek leader

scītātum *to ask*
ōrācula: ōrāculum, n. *oracle*
Phoebī: Phoebus, m. *Phoebus Apollo,
god of prophecy*
115 adytīs: adytum, n. *shrine*
trīstia: trīstis *grim, terrible*
dicta: dictum, n. *word*
reportat: reportāre *bring back*
plācāstis = plācāvistis: plācāre
placate, appease
caesā: caedere *kill*
Īliacās: Īliacus *Trojan*
animā: anima, f. *soul, life*
litandum (est) *a favourable omen
must be obtained*
120 obstipuēre: obstipēscere *be
astounded, aghast*
gelidus *cold*
īma: īmus *inmost*
ossa: os, n. *bone*
vātem: vātēs, m. *prophet*
prōtrahit: prōtrahere *drag forward*
nūmina: nūmen, n. *will, decision*
dīvum = dīvōrum: dīvus, m. *god*
flāgitat: flāgitāre *demand*
crūdēle: crūdēlis *cruel, brutal*
canēbant: canere *sing, prophesy*
125 artificis: artifex, m. *maker, schemer*
ventūra *the outcome*
bis quīnōs: bis quīnī *ten*
silet: silēre *be silent*
tēctus *shut away, in his tent*
recūsat: recūsāre *refuse*
prōdere *betray*
oppōnere (+ Form C) *set in the path
of*
vix tandem *at long last*
compositō *as arranged*
rumpit vōcem *he breaks into speech*
dēstinat: dēstināre *intend, mark out*
130 adsēnsēre: adsentīre *approve*
quisque *each one*
exitium: exitium, n. *destruction*
conversa: convertere *turn, direct*
tulēre: ferre *accept, acquiesce in*
sacra: sacrum, n. *sacred rite*

et salsae fruges et circum tempora vittae.
eripui, fateor, leto me et vincula rupi,
limosoque lacu per noctem obscurus in ulva   135
delitui dum vela darent, si forte dedissent.
nec mihi iam patriam antiquam spes ulla videndi
nec dulces natos exoptatumque parentem,
quos illi fors et poenas ob nostra reposcent
effugia, et culpam hanc miserorum morte piabunt.   140
quod te per superos et conscia numina veri,
per si qua est quae restet adhuc mortalibus usquam
intemerata fides, oro, miserere laborum
tantorum, miserere animi non digna ferentis.'

Sinon's plea for mercy is so persuasive that Priam sets him
free. Keeping up his deception Sinon then explains that the
wooden horse is an offering to the goddess Minerva (Pallas
Athene) in atonement for the theft of the Palladium by the
Greeks. (The Palladium was the sacred image of Athene on
which the safety of Troy depended.) He declares that Troy
will be destroyed if the Trojans do the horse any harm, but
if they take it into the city the defeat of the Greeks will be
assured.

talibus insidiis periurique arte Sinonis   195
credita res, captique dolis lacrimisque coactis
quos neque Tydides nec Larisaeus Achilles,
non anni domuere decem, non mille carinae.
hic aliud maius miseris multoque tremendum
obicitur magis atque improvida pectora turbat.   200
Laocoon, ductus Neptuno sorte sacerdos,
sollemnes taurum ingentem mactabat ad aras.
ecce autem gemini a Tenedo tranquilla per alta
(horresco referens) immensis orbibus angues
incumbunt pelago pariterque ad litora tendunt;   205
pectora quorum inter fluctus arrecta iubaeque
sanguineae superant undas, pars cetera pontum

10

salsae: salsus *salted*
frūgēs, f.pl. *grain, meal*
circum *around*
tempora: tempora, n.pl. *temples, brow*
vittae: vitta, f. *headband*
ēripuī: ēripere *snatch away*
fateor: fatērī *confess*
lētō: lētum, n. *death*
135 limōsō: limōsus *muddy*
lacū: lacus, m. *lake, swamp*
ulvā: ulva, f. *sedge, reeds*
dēlituī: dēlitēscere *lurk*
dum *until*
vēla darent: vēla dare *set sail*
spēs, f. *hope*
dulcēs: dulcis *sweet*
nātōs: nātus, m. *child, son*

exoptātum: exoptāre *long for*
fors *perhaps*
et *also*
poenās . . . reposcent: poenās reposcere *punish*
ob (+ Form B) *because of*
140 effugia: effugium, n. *escape*
culpam: culpa, f. *crime, sin*
piābunt: piāre *avenge, punish*
quod *therefore*
per superōs *by the gods above*
cōnscia: cōnscius *knowing, aware of*
nūmina: nūmen, n. *divine power*
vērī: vērum, n. *truth*
qua *any*
intemerāta: intemerātus *uncorrupted*
miserēre: miserērī *have pity (on)*

195 periūrī: periūrus *lying, deceitful*
coāctīs: coāctus *forced*
Tȳdīdēs, m. *the son of Tydeus, Diomedes*
Lārīsaeus *of Larissa, Thessalian*
domuēre: domāre *subdue, conquer*
tremendum: tremendus *fearful, dread*
200 obicitur: obicere *present to*
imprōvida: imprōvidus *unforeseeing*
turbat: turbāre *agitate*
ductus *chosen*
Neptūnō: Neptūnus, m. *the god Neptune*
sorte: sors, f. *lot*
sollemnēs: sollemnis *appointed*
taurum: taurus, m. *bull*

mactābat: mactāre *sacrifice*
geminī, pl. *twin, two*
alta: altum, n. *the deep, the sea*
horrēscō: horrēscere *shudder*
referēns: referre *relate, tell*
orbibus: orbis, m. *circle, coil*
anguēs: anguis, m. *snake*
205 incumbunt: incumbere *press upon, breast*
pariter *side by side*
tendunt: tendere *make for, head for*
pectora: pectus, n. *breast, neck*
flūctūs: flūctus, m. *wave*
arrēcta: arrēctus *held high, rearing up*
iubae: iuba, f. *crest*
sanguineae: sanguineus *blood-red*
superant: superāre *tower above*

pone legit sinuatque immensa volumine terga.
fit sonitus spumante salo; iamque arva tenebant
ardentesque oculos suffecti sanguine et igni   210
sibila lambebant linguis vibrantibus ora.
diffugimus visu exsangues. illi agmine certo
Laocoonta petunt; et primum parva duorum
corpora natorum serpens amplexus uterque
implicat et miseros morsu depascitur artus;   215
post ipsum auxilio subeuntem ac tela ferentem
corripiunt spirisque ligant ingentibus; et iam
bis medium amplexi, bis collo squamea circum
terga dati superant capite et cervicibus altis.
ille simul manibus tendit divellere nodos   220
perfusus sanie vittas atroque veneno,
clamores simul horrendos ad sidera tollit:
qualis mugitus, fugit cum saucius aram
taurus et incertam excussit cervice securim.
at gemini lapsu delubra ad summa dracones   225
effugiunt saevaeque petunt Tritonidis arcem,
sub pedibusque deae clipeique sub orbe teguntur.
    tum vero tremefacta novus per pectora cunctis
insinuat pavor, et scelus expendisse merentem
Laocoonta ferunt, sacrum qui cuspide robur   230
laeserit et tergo sceleratam intorserit hastam.
ducendum ad sedes simulacrum orandaque divae
numina conclamant.
dividimus muros et moenia pandimus urbis.
accingunt omnes operi pedibusque rotarum   235
subiciunt lapsus, et stuppea vincula collo
intendunt; scandit fatalis machina muros
feta armis. pueri circum innuptaeque puellae
sacra canunt funemque manu contingere gaudent;
illa subit mediaeque minans inlabitur urbi.   240
o patria, o divum domus Ilium et incluta bello
moenia Dardanidum! quater ipso in limine portae
substitit atque utero sonitum quater arma dedere;

pōne *behind*
legit: legere *skim*
sinuat: sinuāre *curve, arch*
volūmine: volūmen, n. *coil*
terga: tergum, n. *back*
spūmante: spūmāre *foam*
salō: salum, n. *the sea*
arva: arvum, n. *field, land*
tenēbant: tenēre *reach*
210 suffectī: suffectus *shot, flecked*
sībila: sībilus *hissing*
lambēbant: lambere *lick*
linguīs: lingua, f. *tongue*
vibrantibus: vibrāre *flicker*
diffugimus: diffugere *flee in all
    directions*
vīsū: vīsus, m. *sight*
exsanguēs: exsanguis *bloodless, pale*
agmine: agmen, n. *line*
amplexus: amplectī *embrace, grasp*
215 implicat: implicāre *enfold*
morsū: morsus, m. *a bite*
dēpāscitur: dēpāscī *feed on*
artūs: artus, m. *limb*
post *next, then*
ipsum = Lāocoonta
subeuntem: subīre *come up*
tēla: tēlum, n. *weapon*
corripiunt: corripere *seize*
spīrīs: spīra, f. *coil*
ligant: ligāre *entwine*
bis *twice*
collō: collum, n. *neck*
squāmea: squāmeus *scaly*
circum . . . datī: circumdare
    surround, encircle
cervīcibus: cervīx, f. *neck*
220 simul . . . simul *now . . . now*
tendit: tendere *struggle*
dīvellere *tear away*
nōdōs: nōdus, m. *knot*
perfūsus: perfundere *soak*
saniē: saniēs, f. *gore, blood*
ātrō: āter *black*
mūgītus, m. *bellowing*

saucius *wounded*
incertam: incertus *badly-aimed*
excussit: excutere *shake off*
secūrim: secūris, f. *axe*
225 lāpsū: lāpsus, m. *gliding*
dēlūbra: dēlūbrum, n. *shrine*
dracōnēs: dracō, m. *snake*
Trītōnidis: Trītōnis, f. *Pallas Athene*
clipeī: clipeus, m. *shield*
teguntur: tegere *cover, hide*
tremefacta: tremefactus
    trembling
īnsinuat: īnsinuāre *steal into*
expendisse: expendere *pay for*
merentem: merēre *deserve*
230 cuspide: cuspis, f. *spear-point*
rōbur: rōbur, n. *wood*
laeserit: laedere *damage*
scelerātam: scelerātus *impious,
    accursed*
intorserit: intorquēre *hurl*
sēdēs: sēdēs, f. *place, home (i.e. of
    Minerva)*
simulācrum: simulācrum, n. *image*
conclāmant: conclāmāre *shout*
dīvidimus: dīvidere *break through,
    breach*
moenia: moenia, n.pl. *buildings*
pandimus: pandere *open up, expose*
235 accingunt: accingere *prepare oneself*
operī: opus, n. *task*
rotārum . . . lāpsūs *rollers*
subiciunt: subicere *put under*
stuppea: stuppeus *made of hemp*
intendunt: intendere *stretch*
scandit: scandere *climb*
fātālis *fateful*
fēta *full, teeming*
fūnem: fūnis, m. *rope*
contingere *touch*
240 mināns: minārī *threaten, tower*
inlābitur: inlābī *glide into*
Īlium, n. *Ilium, Troy*
quater *four times*
substitit: subsistere *come to a stop*

13

instamus tamen immemores caecique furore
et monstrum infelix sacrata sistimus arce.   245
tunc etiam fatis aperit Cassandra futuris
ora dei iussu non umquam credita Teucris.
nos delubra deum miseri, quibus ultimus esset
ille dies, festa velamus fronde per urbem.
    vertitur interea caelum et ruit Oceano nox   250
involvens umbra magna terramque polumque
Myrmidonumque dolos; fusi per moenia Teucri
conticuere; sopor fessos complectitur artus.
et iam Argiva phalanx instructis navibus ibat
a Tenedo tacitae per amica silentia lunae   255
litora nota petens, flammas cum regia puppis
extulerat, fatisque deum defensus iniquis
inclusos utero Danaos et pinea furtim
laxat claustra Sinon. illos patefactus ad auras
reddit equus laetique cavo se robore promunt   260
Thessandrus Sthenelusque duces et dirus Ulixes,
demissum lapsi per funem, Acamasque Thoasque
Pelidesque Neoptolemus primusque Machaon
et Menelaus et ipse doli fabricator Epeos.
invadunt urbem somno vinoque sepultam;   265
caeduntur vigiles, portisque patentibus omnes
accipiunt socios atque agmina conscia iungunt.
    tempus erat quo prima quies mortalibus aegris
incipit et dono divum gratissima serpit.
in somnis, ecce, ante oculos maestissimus Hector   270
visus adesse mihi largosque effundere fletus,
raptatus bigis ut quondam, aterque cruento
pulvere perque pedes traiectus lora tumentes.
ei mihi, qualis erat, quantum mutatus ab illo
Hectore qui redit exuvias indutus Achilli   275
vel Danaum Phrygios iaculatus puppibus ignes!
squalentem barbam et concretos sanguine crines
vulneraque illa gerens, quae circum plurima muros
accepit patrios. ultro flens ipse videbar

14

īnstāmus: īnstāre *press on*
immemorēs: immemor *unmindful*
furōre: furor, m. *rage*
245 mōnstrum: mōnstrum, n. *monster,
   omen*
sacrātā: sacrāre *hallow*
sistimus: sistere *set*
Cassandra, f. *the prophetess
   Cassandra*
vēlāmus: vēlāre *wreathe, cover*
fronde: frōns, f. *leaf, garland*
250 ruit: ruere *rush, fall*
involvēns: involvere *envelop*
polum: polus, m. *heavens, sky*
fūsī: fūsus *sprawled*
sopor, m. *sleep*
complectitur: complectī *embrace*
Argīva: Argīvus *Greek*
phalānx, f. *troops, army*
īnstrūctīs: īnstruere *draw up in
   formation*
255 amīca: amīcus *friendly*
lūnae: lūna, f. *moon*
nōta: nōtus *well-known, familiar*
rēgia: rēgius *royal*
puppis, f. *stern, ship*
extulerat: efferre *raise, display*
inīquīs: inīquus *hostile*
pīnea: pīneus *made of pinewood*
laxat: laxāre *free, undo*
claustra: claustra, n.pl. *bolts*
aurās: aura, f. *breeze, fresh air*
260 sē . . . prōmunt: sē prōmere *come out
   (from)*

dēmissum: dēmittere *let down*
lāpsī: lābī *slide*
Pēlīdēs, m. *grandson of Peleus, i.e.
   Neoptolemus*
fabricātor, m. *builder*
265 sepultam: sepelīre *bury*
vigilēs: vigil, m. *guard*
patentibus: patēre *be open*
iungunt: iungere *join*
grātissima: grātus *pleasing, welcome*
serpit: serpere *creep, steal over*
270 maestissimus: maestus *sorrowful*
largōs: largus *copious*
flētūs: flētus, m. *tear*
raptātus: raptāre *drag*
bīgīs: bīgae, f.pl. *chariot*
ut *as*
cruentō: cruentus *blood-stained*
pulvere: pulvis, m. *dust*
trāiectus *pierced*
lōra: lōrum, n. *thong*
tumentēs: tumēre *swell*
ei mihi *alas*
quantum *how much, how greatly*
275 exuviās: exuviae, f.pl. *spoils*
indūtus *wearing*
iaculātus: iaculārī *hurl*
ignēs: ignis, m. *fire, firebrand*
squālentem: squālēns *unkempt*
barbam: barba, f. *beard*
concrētōs: concrētus *matted*
crīnēs: crīnēs, m.pl. *hair*
flēns: flēre *weep*

15

compellare virum et maestas expromere voces: 280
'o lux Dardaniae, spes o fidissima Teucrum,
quae tantae tenuere morae? quibus Hector ab oris
exspectate venis? ut te post multa tuorum
funera, post varios hominumque urbisque labores
defessi aspicimus! quae causa indigna serenos   285
foedavit vultus? aut cur haec vulnera cerno?'
ille nihil, nec me quaerentem vana moratur,
sed graviter gemitus imo de pectore ducens,
'heu fuge, nate dea, teque his' ait 'eripe flammis.
hostis habet muros; ruit alto a culmine Troia.   290
sat patriae Priamoque datum: si Pergama dextra
defendi possent, etiam hac defensa fuissent.
sacra suosque tibi commendat Troia penates;
hos cape fatorum comites, his moenia quaere
magna pererrato statues quae denique ponto.'   295
sic ait et manibus vittas Vestamque potentem
aeternumque adytis effert penetralibus ignem.
    diverso interea miscentur moenia luctu,
et magis atque magis, quamquam secreta parentis
Anchisae domus arboribusque obtecta recessit,   300
clarescunt sonitus armorumque ingruit horror.
excutior somno et summi fastigia tecti
ascensu supero atque arrectis auribus asto:
in segetem veluti cum flamma furentibus Austris
incidit, aut rapidus montano flumine torrens   305
sternit agros, sternit sata laeta boumque labores
praecipitesque trahit silvas; stupet inscius alto
accipiens sonitum saxi de vertice pastor.
tum vero manifesta fides, Danaumque patescunt
insidiae. iam Deiphobi dedit ampla ruinam   310
Volcano superante domus, iam proximus ardet
Ucalegon; Sigea igni freta lata relucent.
exoritur clamorque virum clangorque tubarum.
arma amens capio; nec sat rationis in armis,
sed glomerare manum bello et concurrere in arcem   315

16

280 compellāre *address*
exprōmere *utter*
Dardaniae: Dardania, f. *Troy*
fīdissima: fīdus *sure*
exspectāte: exspectātus *long-awaited*
ut *how*
fūnera: fūnus, n. *death*
285 dēfessī: dēfessus *tired, exhausted*
aspicimus: aspicere *see, look upon*
indigna: indignus *shameful, cruel*
serēnōs: serēnus *calm*
foedāvit: foedāre *disfigure*
cernō: cernere *see*
vāna: vānus *vain*
morātur: morārī *heed, take notice of*
graviter *heavily, sorrowfully*
dūcēns: dūcere *bring forth*
ait *he said*
290 culmine: culmen, n. *summit, height*
dextrā: dextra, f. *right hand*
commendat: commendāre *entrust*
penātēs: penātēs, m.pl. *protecting gods*
295 pererrātō: pererrāre *wander over*
statuēs: statuere *establish, build*
Vestam: Vesta, f. *Vesta, goddess of the hearth*
potentem: potēns *powerful*
penetrālibus: penetrālis *innermost*
dīversō: dīversus *on every side*
miscentur: miscērī *be in confusion*
sēcrēta: sēcrētus *secluded*
300 Anchīsae: Anchīsēs, m. *Anchises, father of Aeneas*
arboribus: arbor, f. *tree*
obtēcta: obtēctus *overshadowed*
recessit: recēdere *lie back, be set back*
clārēscunt: clārēscere *grow clear*
ingruit: ingruere *advance threateningly*
horror, m. *frightening sound*
fastigia: fastīgium, n. *gable, highest point*

ascēnsū: ascēnsus, m. *climbing*
superō: superāre *clamber up, surmount*
astō: astāre *stand*
segetem: seges, f. *crops*
velutī cum *as when*
furentibus: furēns *raging*
305 incidit: incidere *fall upon*
rapidus *swift, whirling*
montānō: montānus *of a mountain*
torrēns, m. *torrent*
sternit: sternere *flatten*
sata: sata, n.pl. *crops*
laeta: laetus *happy, fertile*
boum: bōs, m. *ox*
praecipitēs: praeceps *headlong*
silvās: silva, f. *forest, wood*
stupet: stupēre *be astounded, stunned*
īnscius *uncomprehending, bewildered*
saxī: saxum, n. *rock*
vertice: vertex, m. *top*
manifesta: manifestus *clear*
fidēs, f. *truth*
patēscunt: patēscere *be revealed*
310 Dēiphobī: Dēiphobus, m. *Deiphobus, a son of Priam*
dedit . . . ruīnam *crashed in ruins*
ampla: amplus *great, spacious*
Volcānō: Volcānus, m. *Vulcan, the fire god*
Ūcalegōn, m. *Ucalegon, a Trojan; here = Ucalegon's house*
Sīgēa: Sīgēus *of Sigeum, a promontory near Troy, Trojan*
freta: fretum, n. *strait, channel*
lāta: lātus *wide*
relūcent: relūcēre *glow, reflect*
exoritur: exorīrī *arise*
clangor, m. *blast, blare*
āmēns *out of one's mind, frantic*
ratiōnis: ratiō, f. *purpose*
315 glomerāre *gather together*
concurrere *rush together*

17

cum sociis ardent animi; furor iraque mentem
praecipitat, pulchrumque mori succurrit in armis.

After desperate fighting Aeneas makes his way to the palace
of Priam, which is now threatened, but the waves of Greek
attackers cannot be stemmed. The Greeks break into the
palace and Pyrrhus butchers the King as he takes sanctuary at
an altar. Venus appears to Aeneas and bids him go to the
help of his own family. She promises her protection.

    tum vero omne mihi visum considere in ignes
Ilium et ex imo verti Neptunia Troia: 625
ac veluti summis antiquam in montibus ornum
cum ferro accisam crebrisque bipennibus instant
eruere agricolae certatim, illa usque minatur
et tremefacta comam concusso vertice nutat,
vulneribus donec paulatim evicta supremum   630
congemuit traxitque iugis avulsa ruinam.
descendo ac ducente deo flammam inter et hostes
expedior: dant tela locum flammaeque recedunt.
    atque ubi iam patriae perventum ad limina sedis
antiquasque domos, genitor, quem tollere in altos   635
optabam primum montes primumque petebam,
abnegat excisa vitam producere Troia
exsiliumque pati. 'vos o, quibus integer aevi
sanguis,' ait, 'solidaeque suo stant robore vires,
vos agitate fugam.   640
me si caelicolae voluissent ducere vitam,
has mihi servassent sedes. satis una superque
vidimus excidia et captae superavimus urbi.
sic o sic positum adfati discedite corpus.
ipse manu mortem inveniam; miserebitur hostis   645
exuviasque petet. facilis iactura sepulcri.
iam pridem invisus divis et inutilis annos
demoror, ex quo me divum pater atque hominum rex
fulminis adflavit ventis et contigit igni.'

praecipitat: praecipitāre *drive headlong, carry away*

succurrit *it is in one's mind*

cōnsīdere *sink, settle*
625 Neptūnia: Neptūnius *belonging to Neptune*
ornum: ornus, f. *mountain ash*
ferrō: ferrum, n. *iron, axe*
accīsam: accīdere *hack at, hew*
crēbrīs: crēber *frequent*
bipennibus: bipennis, f. *axe*
ēruere *tear out, uproot*
certātim *eagerly, in rivalry*
usque *continually*
comam: coma, f. *foliage, leaves*
concussō: concutere *shake*
nūtat: nūtāre *sway*
630 paulātim *gradually*
ēvicta: ēvincere *overcome*
suprēmum congemuit *groaned its last*
iugīs: iugum, n. *ridge*
āvulsa: āvellere *tear away*
expedior: expedīrī *make one's way*
recēdunt: recēdere *give way*
635 genitor, m. *father*
tollere *take away*
optābam: optāre *wish*
abnegat: abnegāre *refuse*

excīsā: excīdere *destroy*
prōdūcere *prolong*
exsilium: exsilium, n. *exile*
integer aevī *untouched by age*
rōbore: rōbur, n. *strength, vitality*
640 agitāte: agitāre *devise, plan*
caelicolae: caelicola, m. *god*
dūcere *prolong*
satis . . . superque *enough and more than enough*
excidia: excidium, n. *destruction*
superāvimus (+ Form C): superāre *survive*
adfātī: adfārī *address*
645 ipse manū *I, by myself*
iactūra, f. *loss*
sepulcrī: sepulcrum, n. *tomb*
iam prīdem *for a long time*
invīsus *hateful*
inūtilis *useless*
dēmoror: dēmorārī *delay*
ex quō *from the time when*
fulminis: fulmen, n. *thunder-bolt*
adflāvit: adflāre *blast*
contigit ignī *struck with lightning*

talia perstabat memorans fixusque manebat.   650
nos contra effusi lacrimis coniunxque Creusa
Ascaniusque omnisque domus, ne vertere secum
cuncta pater fatoque urgenti incumbere vellet.
abnegat inceptoque et sedibus haeret in isdem.

Aeneas refuses to abandon his father to the Greeks and in
desperation decides to return to the fighting.

hinc ferro accingor rursus clipeoque sinistram
insertabam aptans meque extra tecta ferebam.
ecce autem complexa pedes in limine coniunx
haerebat, parvumque patri tendebat Iulum:
'si periturus abis, et nos rape in omnia tecum;   675
sin aliquam expertus sumptis spem ponis in armis,
hanc primum tutare domum. cui parvus Iulus,
cui pater et coniunx quondam tua dicta relinquor?'
talia vociferans gemitu tectum omne replebat,
cum subitum dictuque oritur mirabile monstrum.   680
namque manus inter maestorumque ora parentum
ecce levis summo de vertice visus Iuli
fundere lumen apex, tactuque innoxia molles
lambere flamma comas et circum tempora pasci.
nos pavidi trepidare metu crinemque flagrantem   685
excutere et sanctos restinguere fontibus ignes.
at pater Anchises oculos ad sidera laetus
extulit et caelo palmas cum voce tetendit:
'Iuppiter omnipotens, precibus si flecteris ullis,
aspice nos, hoc tantum, et si pietate meremur,   690
da deinde auxilium, pater, atque haec omina firma.'
vix ea fatus erat senior, subitoque fragore
intonuit laevum, et de caelo lapsa per umbras
stella facem ducens multa cum luce cucurrit.
illam summa super labentem culmina tecti   695
cernimus Idaea claram se condere silva
signantemque vias; tum longo limite sulcus

650 perstābat: perstāre *stand firm*
   fīxus *unmoved*
   contrā *on the other hand*
   Ascanius, m. *Ascanius, son of Aeneas*

vertere *overthrow, destroy*
urgentī: urgēre *press on, threaten*
incumbere *add weight to*
inceptō: inceptum, n. *purpose*

hinc *then*
accingor: accingī *gird oneself*
sinistram: sinistra, f. *left hand*
īnsertābam: īnsertāre *place, insert*
aptāns: aptāre *fit*
mē . . . ferēbam: sē ferre *make one's
   way*
extrā *outside*
tēcta: tēctum, n. *house*
complexa: complectī *clasp*
tendēbat: tendere *hold out*
Iūlum: Iūlus, m. *Ascanius*
676 expertus *from your knowledge*
sūmptīs: sūmere *take up*
tūtāre: tūtārī *protect, defend*
dicta *called*
vōciferāns: vōciferārī *cry out*
replēbat: replēre *fill*
680 subitum: subitus *sudden*
dictū . . . mīrābile *marvellous to
   relate*
oritur: orīrī *arise, occur*
levis *light, flickering*
vertice: vertex, m. *head*
fundere *pour*
apex, m. *tip, tongue (of flame)*
tactū *to the touch*
innoxia: innoxius *harmless*

mollēs: mollis *soft*
comās: coma, f. *hair*
pāscī *feed*
685 pavidī: pavidus *trembling*
trepidāre *be panic-stricken*
flagrantem: flagrāre *burn*
sānctōs: sānctus *holy*
restinguere *extinguish*
fontibus: fōns, m. *water*
tetendit: tendere *stretch, hold out*
flecteris: flectere *sway, influence*
690 pietāte: pietās, f. *righteousness*
merēmur: merērī *be worthy*
ōmina: ōmen, n. *omen*
firmā: firmāre *confirm*
senior, m. *old man*
fragōre: fragor, m. *crash*
intonuit: intonāre *thunder*
laevum *on the left*
stēlla, f. *star*
facem: fax, f. *torch*
696 Īdaeā: Īdaeus *on Mt Ida*
clāram: clārus *bright, clear*
condere *bury, hide*
signantem: signāre *mark, light up*
līmite: līmes, m. *track*
sulcus, m. *furrow*

21

dat lucem et late circum loca sulphure fumant.
hic vero victus genitor se tollit ad auras
adfaturque deos et sanctum sidus adorat.   700
'iam iam nulla mora est; sequor et qua ducitis adsum,
di patrii; servate domum, servate nepotem.
vestrum hoc augurium, vestroque in numine Troia est.
cedo equidem nec, nate, tibi comes ire recuso.'
dixerat ille, et iam per moenia clarior ignis   705
auditur, propiusque aestus incendia volvunt.
'ergo age, care pater, cervici imponere nostrae;
ipse subibo umeris nec me labor iste gravabit;
quo res cumque cadent, unum et commune periclum,
una salus ambobus erit. mihi parvus Iulus   710
sit comes, et longe servet vestigia coniunx.
vos, famuli, quae dicam animis advertite vestris.
est urbe egressis tumulus templumque vetustum
desertae Cereris, iuxtaque antiqua cupressus
religione patrum multos servata per annos;   715
hanc ex diverso sedem veniemus in unam.'

Aeneas tells Anchises to take the holy objects of Troy and
the household gods with him. He himself may not touch
them while his hands are still polluted with blood from the
fighting.

haec fatus latos umeros subiectaque colla
veste super fulvique insternor pelle leonis,
succedoque oneri; dextrae se parvus Iulus
implicuit sequiturque patrem non passibus aequis;
pone subit coniunx. ferimur per opaca locorum,   725
et me, quem dudum non ulla iniecta movebant
tela neque adverso glomerati examine Grai,
nunc omnes terrent aurae, sonus excitat omnis
suspensum et pariter comitique onerique timentem.
iamque propinquabam portis omnemque videbar   730
evasisse viam, subito cum creber ad aures

22

lātē *far and wide*
fūmant: fūmāre *smoke*
victus *convinced*
ad aurās *up, to his full height*
700 adōrat: adōrāre *adore, worship*
mora, f. *reluctance*
quā *where*
nepōtem: nepōs, m. *grandson*
augurium, n. *omen, sign*
nūmine: nūmen, n. *divine protection*
cēdō: cēdere *give way*
706 propius *nearer*
aestūs: aestus, m. *heat*
volvunt: volvere *roll*
age *come*
cāre: cārus *dear*
impōnere *put yourself*
subībō: subīre *take up, lift*
gravābit: gravāre *weigh heavy upon*

quō . . . cumque *however*
cadent: cadere *turn out*
commūne: commūnis *common*
perīclum = perīculum
710 ambōbus: ambō *both*
longē *at a distance*
famulī: famulus, m. *slave*
animīs advertite vestrīs *pay attention to*
ēgressīs: ēgredī *leave*
tumulus, m. *mound*
vetustum: vetustus *ancient*
Cereris: Cerēs, f. *Ceres, goddess of the crops*
iuxtā *nearby*
cupressus, f. *cypress-tree*
715 rēligiōne: rēligiō, f. *piety*
ex dīversō *from different directions*

subiecta: subiectus *bent down, bowed*
veste: vestis, f. *covering, cloak*
super *above*
fulvī: fulvus *tawny*
īnsternor: īnsternī *cover*
pelle: pellis, f. *skin*
succēdō: succēdere *take up*
onerī: onus, n. *burden*
implicuit: implicāre *twine*
passibus: passus, m. *step*

aequīs: aequus *equal*
725 ferimur: ferrī *make one's way*
opāca: opācus *shadowy*
dūdum *until a moment ago*
iniecta: inicere *hurl*
exāmine: exāmen, n. *swarm, multitude*
Grāī, m.pl. *the Greeks*
730 propinquābam: propinquāre *approach*
ēvāsisse: ēvādere *pass safely along*

23

visus adesse pedum sonitus, genitorque per umbram
prospiciens 'nate,' exclamat, 'fuge, nate; propinquant.
ardentes clipeos atque aera micantia cerno.'
hic mihi nescio quod trepido male numen amicum 735
confusam eripuit mentem. namque avia cursu
dum sequor et nota excedo regione viarum,
heu misero coniunx fatone erepta Creusa
substitit, erravitne via seu lapsa resedit,
incertum; nec post oculis est reddita nostris. 740
nec prius amissam respexi animumve reflexi
quam tumulum antiquae Cereris sedemque sacratam
venimus: hic demum collectis omnibus una
defuit, et comites natumque virumque fefellit.
quem non incusavi amens hominumque deorumque, 745
aut quid in eversa vidi crudelius urbe?
Ascanium Anchisenque patrem Teucrosque penates
commendo sociis et curva valle recondo;
ipse urbem repeto et cingor fulgentibus armis.
stat casus renovare omnes omnemque reverti 750
per Troiam et rursus caput obiectare periclis.
principio muros obscuraque limina portae,
qua gressum extuleram, repeto et vestigia retro
observata sequor per noctem et lumine lustro:
horror ubique animo, simul ipsa silentia terrent. 755
inde domum, si forte pedem, si forte tulisset,
me refero: inruerant Danai et tectum omne tenebant.
ilicet ignis edax summa ad fastigia vento
volvitur; exsuperant flammae, furit aestus ad auras.
procedo et Priami sedes arcemque reviso: 760
et iam porticibus vacuis Iunonis asylo
custodes lecti Phoenix et dirus Ulixes
praedam adservabant. huc undique Troia gaza
incensis erepta adytis, mensaeque deorum
crateresque auro solidi, captivaque vestis 765
congeritur. pueri et pavidae longo ordine matres
stant circum.

prōspiciēns: prōspicere *gaze forward*
aera: aes, n. *bronze*
micantia: micāre *flash*
735 hīc *at this*
nescio quod *some*
male . . . amīcum *unfriendly*
āvia *pathless places*
cursū *at a run*
excēdō: excēdere *leave*
regiōne: regiō, f. *direction*
—ne . . . —ne . . . seu *whether . . . or
. . . or*
resēdit: resīdere *sit, sink down*
741 prius . . . quam *before*
respexī: respicere *look back for*
reflexī: reflectere *turn*
hīc dēmum *here and only here*
dēfuit: dēesse *be missing*
fefellit: fallere *slip away from*
745 incūsāvī: incūsāre *accuse, blame*
ēversā: ēvertere *overthrow*
valle: vallis, f. *valley*
recondō: recondere *hide*
cingor: cingī *gird oneself*
fulgentibus: fulgēre *shine, gleam*
750 stat *it is my resolve*
renovāre *experience again*

revertī *return*
obiectāre *expose*
prīncipiō *first of all*
gressum extuleram *I had gone out*
retrō *back*
lūmine: lūmen, n. *eye, gaze*
lūstrō: lūstrāre *observe, scan*
755 ubīque *everywhere*
inde *next*
pedem . . . tulisset *she had gone*
inruerant: inruere *break in*
īlicet *immediately*
edāx *devouring*
exsuperant: exsuperāre *leap over*
furit: furere *rage*
760 revīsō: revīsere *revisit*
porticibus: porticus, f. *colonnade*
vacuīs: vacuus *empty*
asȳlō: asȳlum, n. *sanctuary*
praedam: praeda, f. *booty*
adservābant: adservāre *watch over*
gāza, f. *treasure*
765 crātēres: crātēr, m. *bowl*
captīva: captīvus *captured*
vestis, f. *vestments, tapestry*
congeritur: congerere *pile up*
ōrdine: ōrdō, m. *line*

25

ausus quin etiam voces iactare per umbram
implevi clamore vias, maestusque Creusam
nequiquam ingeminans iterumque iterumque vocavi.   770
quaerenti et tectis urbis sine fine ruenti
infelix simulacrum atque ipsius umbra Creusae
visa mihi ante oculos et nota maior imago.
obstipui, steteruntque comae et vox faucibus haesit.
tum sic adfari et curas his demere dictis: 775
'quid tantum insano iuvat indulgere dolori,
o dulcis coniunx? non haec sine numine divum
eveniunt; nec te comitem hinc portare Creusam
fas, aut ille sinit superi regnator Olympi.
longa tibi exsilia et vastum maris aequor arandum,   780
et terram Hesperiam venies, ubi Lydius arva
inter opima virum leni fluit agmine Thybris.
illic res laetae regnumque et regia coniunx
parta tibi; lacrimas dilectae pelle Creusae.
non ego Myrmidonum sedes Dolopumve superbas   785
aspiciam aut Grais servitum matribus ibo,
Dardanis et divae Veneris nurus;
sed me magna deum genetrix his detinet oris.
iamque vale et nati serva communis amorem.'
haec ubi dicta dedit, lacrimantem et multa volentem   790
dicere deseruit, tenuesque recessit in auras.
ter conatus ibi collo dare bracchia circum;
ter frustra comprensa manus effugit imago,
par levibus ventis volucrique simillima somno.
sic demum socios consumpta nocte reviso.   795
   atque hic ingentem comitum adfluxisse novorum
invenio admirans numerum, matresque virosque,
collectam exsilio pubem, miserabile vulgus.
undique convenere animis opibusque parati

quīn etiam *what is more*
vōcēs iactāre *cry out*
implēvī: implēre *fill*
770 ingemināns: ingemināre *repeat*
simulācrum, n. *phantom*
umbra, f. *ghost, shade*
imāgō, f. *spectre*
faucibus: faucēs, f.pl. *throat*
775 dēmere *remove*
quid . . . iuvat? *what help is it?*
tantum *so much*
indulgēre *indulge*
dolōrī: dolor, m. *grief*
ēveniunt: ēvenīre *happen*
hinc *from here*
fās, n. *right*
sinit: sinere *allow*
superī: superus *above*
rēgnātor, m. *ruler*
Olympī: Olympus, m. *Mt Olympus,*
home of the gods
780 aequor, n. *expanse*
arandum: arāre *plough*
Hesperiam: Hesperia, f. *Italy*
Lȳdius *Lydian*
opīma: opīmus *fertile*
virum = virōrum
lēnī: lēnis *gentle*
fluit: fluere *flow*
agmine: agmen, n. *course*
Thybris, m. *the river Tiber*

illīc *there*
parta (sunt): parere *win, secure*
dīlēctae: dīlēctus *beloved*
pelle: pellere *drive away, banish*
785 superbās: superbus *proud, arrogant*
servītum *to serve, to be a slave to*
Dardanis, f. *a woman of the line of*
Dardanus (founder of Troy)
Veneris: Venus, f. *Venus, goddess of*
love
nurus, f. *daughter-in-law*
genetrīx, f. *mother*
791 dēseruit: dēserere *leave*
tenuēs: tenuis *thin, insubstantial*
ter *three times*
bracchia: bracchium, n. *arm*
comprēnsa = comprehēnsa:
comprehendere *grasp*
par *like*
volucrī: volucer *winged*
795 dēmum *at last*
cōnsūmptā: cōnsūmptus *having*
passed
adflūxisse: adfluere *flock, stream*
admīrāns: admīrārī *wonder*
pūbem: pūbēs, f. *people*
miserābile: miserābilis *pitiful*
vulgus, n. *crowd*
convēnēre: convenīre *come together*
opibus: opēs, f.pl. *belongings*

27

in quascumque velim pelago deducere terras.
iamque iugis summae surgebat Lucifer Idae
ducebatque diem, Danaique obsessa tenebant
limina portarum, nec spes opis ulla dabatur.
cessi et sublato montes genitore petivi.

800 quāscumque: quīcumque *whatever*
pelagō *across the sea*
dēdūcere *escort, lead*
Lūcifer, m. *the Morning Star*

obsessa: obsidēre *blockade*
opis = Form D; no Form A *help*
sublātō: tollere *lift up*

CAMBRIDGE LATIN TEXTS